2021년 1월 25일 1판 2쇄 **펴냄**
2020년 2월 25일 1판 1쇄 **펴냄**

펴낸곳 (주)효리원
펴낸이 윤종근
글 손수자 · **그린이** 성영란, 유정연(표지)
등록 1990년 12월 20일 · **번호** 2-1108
우편 번호 03147
주소 서울시 종로구 삼일대로 457, 1206호
대표 전화 02)3675-5222 · **편집부** 02)3675-5225
팩시밀리 02)765-5222

ⓒ 2007 · 2020, (주)효리원

잘못 만들어진 책은 구입하신 서점에서 바꾸어 드립니다.
ISBN 978-89-281-0660-8 74810
홈페이지 www.hyoreewon.com

1·2학년이 꼭! 읽어야 할
교과서 과학 동화

손수자 글 성영란 그림

머리말

　나무는 어린이와 닮았습니다. 어린이에게는 사랑과 규칙, 그리고 끝없는 관심이 있어야 하듯이 나무에게도 따뜻한 햇살과 적당한 바람, 촉촉한 물이 필요합니다.

　나무는 움직이지 못하지만 살아가기 위해 여러 가지 준비를 한답니다. 가을이 되면 겨울을 나기 위해 물을 들이고 잎을 떨어뜨립니다. 겨울에는 봄을 위한 꽃눈과 잎눈을 만듭니다.

　겨울에 나뭇가지를 자세히 들여다보세요. 가지 끝이나 사이에서 작고 동그란 눈을 달고 있다가 봄이 되면 기지개를 켜듯이 새순을 틔우고 예쁜 꽃을 피운답니다. 또 잎눈은 자라서 시원한 공기와 그늘을 만들어 주는 잎사귀가 되지요.

어떤 새순은 빨리 나오지만, 또 어떤 것들은 좀 늦게 깨어나기도 하지요. 늦게 깨어나는 나무가 있더라도 가만히 지켜보세요. 여러분들이 나무를 사랑한다면 나무는 꼭 새잎을 보여 줄 테니까요.

조롱조롱 장난을 달고, 가만가만 궁금증을 안고 반짝반짝 꿈을 닦고 있는 어린이들과 나무의 이야기에 귀를 기울여 보세요. 나무가 자라는 모습은 몸과 마음이 자라는 어린이와 닮았습니다.

글쓴이 손수자

차례

꽃이 피고, 잎이 나고 ·················· 8

봄 뜰에서 ························· 24

느티나무처럼 ······················ 45

감꽃 줍기 ························ 60

과수원엔 벌과 나비 ·················· 74

바람개비를 닮은 단풍나무씨 ·········· 87

다리 사이로 소나무 보기 ··········· 103

울긋불긋 가을 산 ················ 119

나뭇잎이 물드는 이유 ············· 130

나무의 잠 ····················· 144

꽃이 피고, 잎이 나고

학교 가는 언덕길에 개나리가 노랗게 피었습니다. 훈기를 품은 바람도 살랑살랑 불었습니다.

나는 작고 노란 유치원 가방 대신 파란색 책가방을 등에 메고 교실로 들어갔습니다.

"안녕? 오한슬!"

선생님이 먼저 인사를 했습니다.

왠지 부끄러워 슬며시 자리에 앉았습니다.

"선생님, 안녕하세요?"

내 짝 은비는 들어오자마자 큰 소리로 인사를 했습니다.

선생님은 빙그레 웃으며 은비의 머리를 쓰다듬어 주었습니다.

'으흠, 난 이제 초등학교 1학년이야. 부끄러워하지 말아야지.'

씩씩한 은비가 조금 부럽기도 했습니다.

선생님과 함께 「우리들은 1학년」 노래를 크게 불렀습니다.

우리들은 1학년

어서 어서 배우자

학교 마당 나무들아

같이 배우자

창밖의 나무들도 우리와 함께 살랑살랑 춤을 추었습니다.

나무는 우리들처럼 가슴에 이름표를 달고 있었습니다.

교실을 들여다보고 있는 나무는 목련입니다. 작고 하얀 수많은 등이 꽃밭에 켜져 있는 것 같았습니다.

어? 그런데 목련나무는 꽃만 보이고 초록색 잎이 없었습니다.

'잎은 다 어디로 갔을까?'

궁금했습니다.

그때 작은 새 한 마리가 포르르 날아와 나뭇가

백목련 꽃봉오리

자목련나무

목련 | 하얀색(백목련) 또는 자주색(자목련) 꽃이 피는 목련은 봄을 알리는 대표적인 꽃이에요.

지에 앉았습니다. 가느다란 다리로 이리저리 돌아다니는 모습이 무척 귀여웠습니다.

그때였습니다.

"오한슬, 뭘 그렇게 보고 있니?"

선생님이 내 이름을 불렀습니다.

나는 깜짝 놀라 대답했습니다.

"참새가 나무에 앉아 있어요!"

"어디?"

"참새가 어디 있어?"

아이들이 우르르 창문으로 몰려갔습니다.

"모두 자리에 앉으세요!"

선생님이 교탁 위에 있는 작은 종을 '탕, 탕!' 쳤습니다.

아이들은 다시 우르르 모두 제자리로 돌아갔

습니다.

"선생님, 궁금한 게 있어요."

나는 손을 번쩍 들었습니다.

"목련나무는 왜 잎이 없어요?"

"오호, 한슬이가 목련나무를 관찰하고 있었구나! 아주 기특하구나!"

엄지를 들어 올리며 선생님이 말했습니다.

"나무들은 보통 잎이 난 후에 꽃을 피우지만 목련은 꽃이 먼저 피고 잎이 난단다."

선생님은 창밖을 내다보며 물었습니다.

"목련처럼 잎보다 꽃을 먼저 피우는 것으로는 또 뭐가 있을까요?"

"개나리가 있어요."

은비가 자신 있게 말했습니다.

"그래, 개나리도 꽃이 먼저 핀단다. 또?"

나는 얼른 생각나지 않았습니다.

"벚꽃도 있단다."

선생님이 빙그레 웃으면서 가르쳐 주었습니다.

"궁금한 것이 있으면 한슬이처럼 물어보는 것이 좋아요. 그래야 더 많은 것을 알 수 있어요."

나는 어깨를 으쓱 들어 올렸습니다.

"저는 모르는 것이 있으면 컴퓨터에서 검색을 해요."

태성이가 자랑하듯이 말했습니다.

"그것도 좋아요. 또 백과사전을 찾아보는 방법도 있단다."

집으로 돌아갈 시간이 되었습니다.

운동장으로 쪼르르 달려가 줄을 섰습니다.

벚꽃　복숭아꽃

벚나무

꽃이 먼저 피는 봄꽃 | 봄을 알리는 개나리, 진달래, 목련, 벚꽃 등은 예쁜 꽃이 먼저 핀 뒤 초록색 잎이 나요.

해님이 머리 위에서 반짝거렸습니다.

햇살이 따가웠습니다.

나는 눈을 찡그렸는데 목련은 활짝 웃고 있었습니다. 하지만 잎이 없어 조금 쓸쓸해 보이기도 했습니다.

'조금만 더 참고 기다리렴. 그러면 예쁜 잎이 날 거야.'

나는 목련나무를 향해 손을 흔들었습니다.

"할머니, 다녀왔습니다."

"어이구, 내 새끼! 어서 오너라."

"할머니! 제가 강아지예요? 왜 자꾸 '새끼'라고 하세요?"

나쁜 말이 아닌 줄은 어렴풋이 알았지만 궁금했습니다.

"아, '새끼'는 너처럼 작고 귀여운 것에 쓰는 말이란다."

할머니는 사과를 깎으며 말을 이었습니다.

"이 할머니도 말이야, 처음부터 할미였던 게 아니란다. 아기 때도 있었고, 너만 한 적도 있었지. 그때는 우리 한슬이처럼 귀여운 새끼였단다."

할머니가 깎아 놓은 사과는 아삭아삭 맛있었습니다.

"그럼, 이 씨는 사과 새끼겠네요?"

나는 사과를 한 입 베어 물으며 접시에 있는 사과씨를 가리켰습니다.

"호호!"

할머니가 아기처럼 웃었습니다.

"그건 새끼라고 하지 않고 씨라고 한단다."

"이 씨를 심으면 사과가 열리나요?"

"그래, 우리 꽃밭에다 심어 볼까?"

"야, 신난다!"

할머니가 흙을 골라 주는 곳에 사과씨를 심고 토닥토닥 다독였습니다.

그리고 두 손을 모았습니다.

"사과가 많이 열리게 해 주세요."

할머니가 빙그레 웃으며 뜰 앞에 있는 작은 나무를 가리켰습니다.

"이 나무는 작년 봄에 네 아버지가 심은 벚나무란다."

벚나무 가지에는 분홍빛의 조그만 구슬 같은 것이 달려 있었습니다.

"할머니, 이게 뭐예요?"

"꽃눈이야. 여기서 꽃이 나온단다."

"이렇게 어린 나무도 꽃을 피워요?"

"아기에게도 눈과 코가 있는 것처럼 어린 나무도 큰 나무와 똑같은 성질을 가지고 있단다."

"맞다! 할머니, 이 벚나무도 목련처럼 꽃이 먼저 피지요?"

"그래, 꽃이 활짝 핀 뒤 지고 나면 잎이 난단다. 오, 우리 한슬이 똑똑한걸?"

"그럼요. 할머니, 저도 이제 초등학생이잖아요. 노란 유치원 가방 메는 아이들과는 다르다고요. 에헴!"

"뭐라고? 호호호!"

할머니께서 내 머리를 쓰다듬으며 크게 웃었습니다.

사람마다 생김새가 다르듯이 나무도 모습이나 성질이 모두 같지 않다는 것을 알았습니다.

같은 1학년이지만 은비는 명랑하고, 나는 부끄럼이 많은 것도 다른 점입니다.

1학년이 되니까 궁금한 것이 무척 많아졌습니다. 방으로 들어온 나는 그림일기장을 꺼냈습니다. 할머니와 사과씨를 심는 모습을 그렸습니다. 사과씨는 언제 싹이 올라올까 참 궁금합니다. 한 번씩 물도 주고 잘 살펴봐야겠습니다.

봄 뜰에서

개나리가 꽃을 다 떨어뜨리자, 한꺼번에 초록 잎이 올라왔습니다.

선생님은 개나리의 초록 잎이 우리를 닮았다고 했습니다.

"초록 이파리가 왜 우릴 닮았다고 하시지?"

궁금함을 못 참고 혼잣말을 하자, 은비가 자신 있게 말했습니다.

"우리처럼 작고 귀여우니까."

'아하, 할머니가 나를 새끼라고 하는 것처럼 말이지?'

나는 고개를 끄덕였습니다.

목련나무에도 잎이 많이 많이 생겼습니다.

어느덧 하얀 꽃이 뚝뚝 떨어져 버리자, 새 이파리들이 가지를 덮었습니다.

개나리와 목련은 청개구리 같습니다. 다른 것은 잎이 나고 꽃이 피는데 말입니다.

개나리꽃이 먼저 떨어지고, 목련꽃도 떨어지자 우리 집 아기 벚나무가 꽃을 피웠습니다. 아기 나무라 그런지 꽃은 그렇게 많지 않았습니다.

하지만 운동장에 핀 벚꽃은 분홍 애드벌룬처럼 부풀어 있었습니다.

『봄』시간에 우리 반 아이들 모두 학교 뜰을 둘

러보았습니다.

연못에서는 볼록 눈 금붕어가 자꾸자꾸 공중으로 튀어 오르고 있었습니다.

내가 가만히 금붕어를 보고 있으니 은비가 자랑했습니다.

"우리 집에도 금붕어 아주 많다!"

"나 한 마리만 줘."

내가 두 손바닥을 벌렸습니다.

"안 돼. 금붕어는 물이 없으면 금방 죽어 버려."

은비는 연못가에 쪼그리고 앉았습니다.

"저 금붕어는 산소가 부족한 거야. 우리 아빠가 그러는데 금붕어가 헤엄치지 않고 자꾸 올라오는 것은 숨을 쉬기 위해서래."

은비가 침을 꼴깍 삼키며 말했습니다.

나는 고개를 끄덕이며 은비와 친하게 지내야겠다고 생각했습니다.

"야, 개미집이다!"

태성이가 발밑을 보며 외쳤습니다.

모두 태성이가 있는 쪽으로 가 보았습니다.

개미들이 줄지어 가고 있었습니다. 아주 작은 것들이 고물고물 움직이는 모양이 귀여웠습니다.

태성이는 작은 풀잎으로 개미가 가는 길을 막기도 했습니다. 하지만 개미는 요리조리 잘 피했습니다.

그때 선생님의 목소리가 들렸습니다.

"여러분, 민들레 한번 찾아보세요. 잎은 길쭉하고 땅에 엎드려 있답니다."

초록 풀과 꽃들이 꽃밭 여기저기 많이 나 있었

습니다. 식물들 앞에는 이름이 적힌 푯말이 꽂혀 있었습니다.

"나팔꽃, 해바라기, 봉숭아……."

하지만 민들레라고 적힌 이름표는 없었습니다.

"여기 있어요, 선생님!"

태성이가 제비꽃을 가리켰습니다.

"아니야, 그건 제비꽃인걸."

내가 말했습니다.

"선생님, 노란 이 꽃이 민들레죠?"

"맞아요. 땅에 꼭 붙어 있어 찾기 쉽지요?"

"여기 제비꽃도 있어요, 선생님!"

나는 보랏빛 꽃을 가리켰습니다.

"와! 한슬이는 제비꽃도 찾았네요."

방긋 웃는 선생님이 제비꽃을 닮았습니다.

우리는 꽃밭을 따라 동그랗게 섰습니다.

너도나도 선생님께 가까이 가겠다고 다투었습니다.

"민들레나 제비꽃같이 움직이지 못하는 것을 무엇이라 할까요?"

"움직이지 못하면 죽은 거잖아요."

태성이가 말했습니다.

"움직이지 못한다고 해서 다 죽은 것은 아니랍니다."

"움직이지 못하면 죽은 것인데……."

태성이가 중얼거렸습니다.

"여러분, 나무나 풀은 움직이지 못해도 살아 있는 거예요. 꽃이 피고 잎이 나며 여러분처럼 키도 큰답니다."

선생님이 허리를 굽혀 보랏빛 제비꽃을 어루만졌습니다.

"이렇게 꽃과 잎을 피우는 것을 식물이라고 합니다."

"그럼, 금붕어나 개미는 뭐라고 해요?"

은비가 물었습니다.

"살아서 움직이는 것은 동물이라고 한답니다."

"그럼, 저기 있는 토끼는 동물이네요?"

경식이가 사육장에 있는 토끼를 가리켰습니다.

"맞았어요. 그리고 소, 돼지, 말 같은 것이 동물이지요. 그 밖에 또 뭐가 있을까요?"

"강아지, 고양이가 있어요!"

"개구리, 제비, 오리도 있어요!"

"그래요. 우리가 사는 주변에는 동물들이 아주

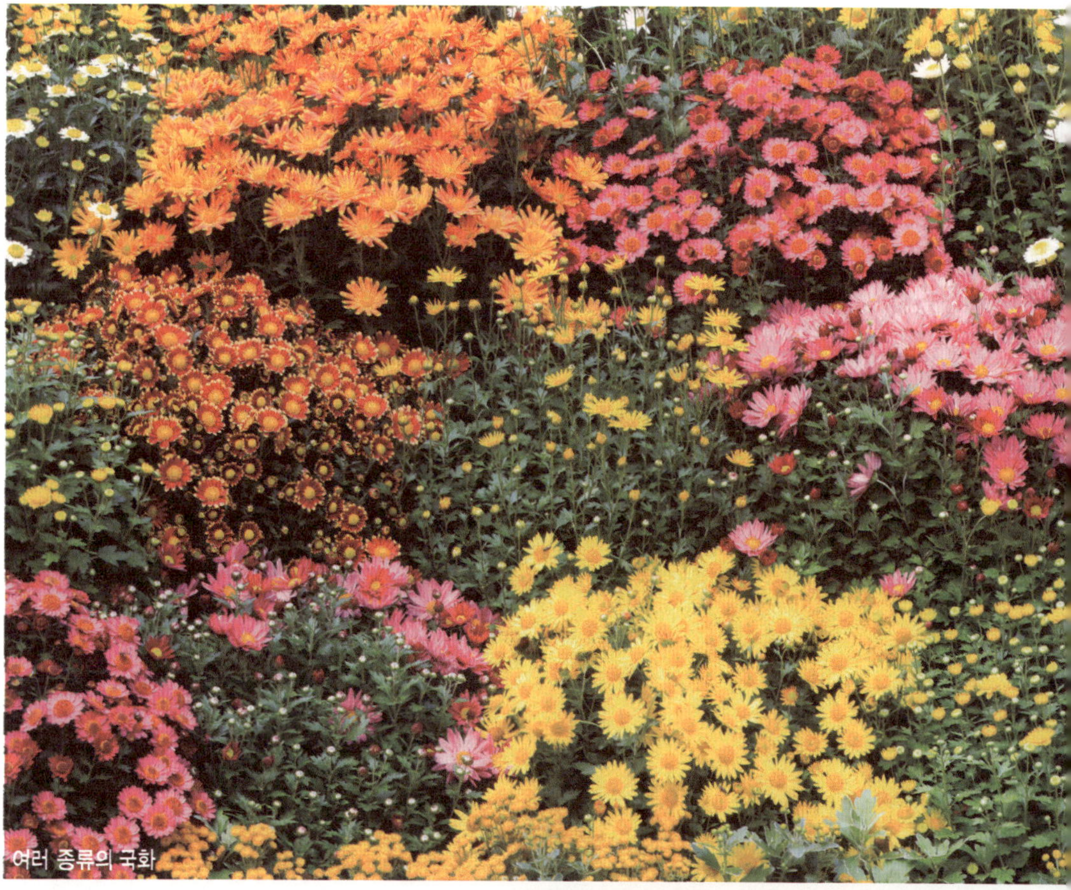
여러 종류의 국화

여러 종류의 꽃 | 식물의 하나인 예쁜 꽃. 대부분 향기가 나고, 색깔 및 꽃잎의 수가 다양해요. 꽃이 지고 나면 열매를 맺어 씨를 퍼뜨려 번식을 하지요. 봄에 피는 꽃, 여름에 피는 꽃, 국화나 코스모스처럼 가을에 피는 꽃이 있어요.

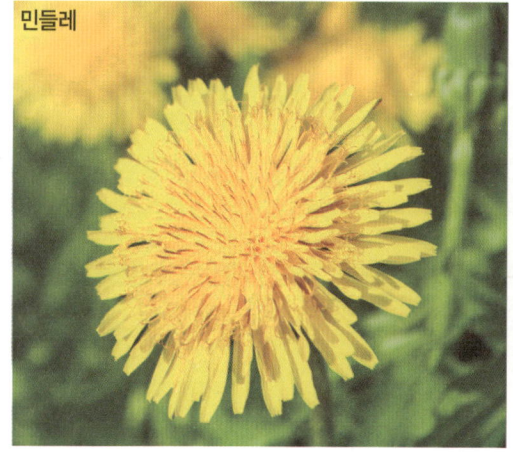

민들레

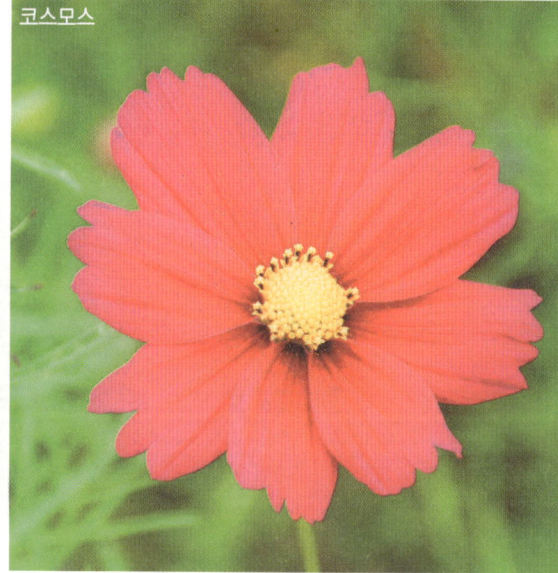

코스모스

노랑제비꽃

튤립

식물 | 움직이지 못하고 한자리에서 싹이 트고 자라, 꽃과 잎을 피우고 열매를 맺는 것을 말해요. 우리 주변에서 쉽게 볼 수 있는 풀, 나무, 꽃 등이 바로 식물이지요.

강아지풀

종려나무

갯버들 꽃망울

뽕나무

많지요."

"선생님, 그럼 날아다니는 나비와 벌도 동물이에요?"

"네, 동물이에요. 더 자세히 말하면 곤충이라고 하지요."

"파리, 모기, 매미, 풍뎅이 같은 동물도 곤충이지요?"

"맞아요. 식물과 동물을 포함해서 살아 있고, 자라며, 숨을 쉬는 모든 것을 생물이라고 한답니다. 한마디로 생물 안에 동물도 있고, 식물도 있는 거예요."

선생님이 빙그레 웃으며 대답했습니다.

"그럼 이 돌멩이는 뭔가요?"

"돌멩이는 숨을 쉴 수도 없고, 자라지도 못해

요. 그래서 생물이 아니에요. 이런 것들은 무생물이라고 해요."

나는 손가락으로 민들레와 금붕어를 가리키며 말했습니다.

"금붕어야, 넌 동물! 민들레야, 넌 식물! 그리고 우리 모두는 생물!"

은비도 따라 했습니다.

선생님이 고개를 끄덕이며 웃었습니다.

우리는 선생님이 '나비' 하면 나비처럼 춤을 추었습니다.

'개미' 하면 고물거리며 기어 다니는 흉내를 냈습니다.

'민들레' 하면 얼굴을 동그랗게 감싸고 움직이지 않았습니다.

고양이

토끼

개

양

동물 | 식물과 달리 움직일 수 있고, 다른 생물로부터 영양분을 얻어 살아가요. 지금 지구에는 100만~120만 종의 동물이 있어요. 그 가운데 약 80퍼센트는 곤충이에요.

닭　부엉이　까치　잉꼬　공작　고래

춤도 추었습니다.

즐겁게 춤을 추다가 그대로 멈춰라
즐겁게 춤을 추다가 모두 다 (민들레)
웃지도 말고 울지도 말고 움직이지 마
즐겁게 춤을 추다가 그대로 (민들레)

머리와 손과 발을 굴리며 까불까불하다가 멈출 때, 친구랑 마주 보고 킥킥거리기도 하였습니다. 참 재미있었습니다.

쉬는 시간이 되었을 때 은비와 나는 잡기놀이를 했습니다. 미끄럼틀에 올라갔다 내려왔다 하는 놀이였습니다.

"한슬아, 나 먼저 내려간다, 휘리릭~!"

벌

잠자리

무당벌레

장수하늘소

곤충 | 몸의 구조가 '머리, 가슴, 배'의 세 부분으로 나뉘고, 다리가 3쌍, 날개가 2쌍인 동물을 곤충이라고 해요.

"은비야, 나도 내려간다. 슝~!"

깔깔대며 한참 놀다 보니 운동장에는 체육 수업을 받는 누나와 형들만 있었습니다.

은비도 나도 수업 시작을 알리는 음악 소리를 듣지 못했습니다.

살금살금 들어가 자리에 살짝 앉았습니다.

"한슬이와 은비!"

나는 깜짝 놀라 목을 움츠렸습니다.

"왜 이렇게 늦었지?"

"무생물과 놀았어요."

은비가 조그맣게 말했습니다.

"무생물이라니?"

"미끄럼틀요……."

선생님이 입을 가리며 호호 웃었습니다.

"그래, 은비는 무생물을 배우더니 금방 써먹는구나."

선생님이 웃는 걸 보니 용서해 주는 것 같았습니다.

"다음부터 음악 소리 잘 듣고 들어와. 무생물과 너무 친하게 지내지 말고."

무생물 | 살아 있지 않고, 자라지도 못하는 것을 무생물이라고 해요. 돌, 물, 흙 따위를 말하지요. 미끄럼틀과 같은 물건도 무생물이라고 해요.

선생님이 새끼손가락을 내밀었습니다.

"꼭꼭 약속!"

은비도 나도 선생님과 새끼손가락을 걸고 약속했습니다.

자리에 앉아 창밖을 보니 운동장가에 활짝 핀 벚꽃이 방글방글 웃고 있었습니다.

느티나무처럼

　벚꽃도 하나둘 떨어져 바람에 날리기 시작했습니다.
　언제 났는지 초록 잎들이 가지를 다 덮어 버렸습니다.
　『봄』 시간이었습니다. 잡지에서 오린 식물과 동물을 찾아 칠판에 붙였습니다.
　움직이는 것과 움직이지 못하는 것을 나누었습니다.

"식물은 뿌리를 내린 그 자리에서 계속 살아요. 소나무는 물속에서 살지 못하고, 연못 속에 핀 연꽃은 산에서 살지 못하지요."

선생님이 길게 이야기했습니다.

더워지니까 자꾸 하품이 나왔습니다.

"푸하아!"

나는 크게 기지개를 켰습니다. 이리저리 눈도 굴렸습니다. 그러다가 선생님과 눈이 딱 마주쳤습니다.

"너희들! 움직이고 싶구나."

"네, 선생님!"

아이들이 큰 소리로 대답했습니다.

선생님은 어쩜 그렇게도 우리 마음을 잘 아는지요.

"좋아요, 모두 운동장으로 나가요."

모두들 우당탕탕 소리를 내며 밖으로 뛰어나갔습니다.

"조용히, 사뿐사뿐 나가세요!"

선생님이 소리쳐도 우리들은 우르르 몰려 나갔습니다.

운동장으로 나간 아이들은 펄쩍펄쩍 뛰었습니다. 비행기처럼 두 팔을 벌리고 한 바퀴 도는 아이도 있었습니다.

선생님이 외쳤습니다.

"1학년 4반, 모여라!"

나도 두 손을 입가에 모아 선생님처럼 소리쳤습니다.

"1학년 4반 모여라!"

아이들이 하나둘씩 선생님 가까이로 모여들었습니다.

선생님은 운동장에서 제일 큰 나무 곁에 섰습니다.

"모두 앉아 봐요."

땅바닥에 아빠 다리를 하고 앉았습니다.

손뼉을 '짝짝!' 두 번 친 선생님이 웃으며 물었습니다.

"운동장에 나오니 어때요?"

"축구를 하고 싶어요."

"달리고 싶어요."

아이들은 참새처럼 짹짹거렸습니다.

"우리나라 꽃은 무엇이죠?"

"무궁화입니다!"

우리 반 아이들은 합창하듯 입을 모아 소리쳤습니다.

"나라를 상징하는 꽃이 있듯이 학교에도 학교 나무가 있어요."

선생님은 바로 뒤에 있는 큰 나무를 가리켰습니다.

"이 나무가 바로 우리 학교 나무예요."

"와! 정말 크다."

은비가 고개를 들며 놀라워했습니다.

"무슨 나무예요?"

"느티나무예요."

"호, 느티나무? 느티나무는 우리 아버지의 이메일(인터넷 전자 우편) 아이디(인터넷에서, 이용자의 신분을 증명할 수 있는 고유의 체계. 문자나 숫자 따위

느티나무 | 산기슭이나 골짜기, 마을 부근 등의 그늘진 땅에서 잘 자라요. 대개 높이가 26미터 정도 된답니다.

로 이루어짐)인데?"

느티나무는 우리 아버지처럼 키가 크고 잘생긴 나무였습니다.

나는 아버지를 자랑하고 싶었습니다.

"선생님, 우리 아버지의 이메일 아이디가 느티나무예요."

"그래, 멋진 이름이구나."

곧은줄기가 사방으로 골고루 뻗어 나간 느티나무가 마음에 들었습니다. 꼭 우리 아버지처럼 멋졌습니다.

"이 느티나무는 우리 학교가 생겼을 때부터 있던 나무예요. 실컷 뛰놀다가 이 나무 그늘에 서면 참 시원하답니다."

손으로 부채를 만든 선생님이 살랑살랑 흔들

었습니다.

"나무는 말도 못 하고 움직이지도 못해요. 하지만 숨도 쉬고 뿌리와 줄기, 잎은 맡은 일을 열심히 하고 있답니다."

"선생님, 나무가 일을 한다고요?"

태성이가 물었습니다.

"그래요. 뿌리는 물을 빨아올리고, 잎은 양분을 만들지요. 또 꽃을 피우고 열매를 맺기 위해 잠시도 쉬지 않는답니다."

태성이는 고개를 끄덕였습니다.

느티나무는 어린 나무를 옮겨 심어도 잘 살고 빨리 키가 큰다고 했습니다.

"자, 여러분, 느티나무가 일을 잘하려면 무엇이 필요할까요?"

한참 생각하고 있는데 태성이가 손을 번쩍 들었습니다.

"물이 필요해요!"

"맞아요. 우리가 물을 먹어야 하듯이 나무도 물이 있어야 살 수 있어요."

"선생님, 우리 눈에 보이지 않지만 공기도 필요하지요?"

은비가 고개를 갸웃거리며 물었습니다.

"그래요. 공기 중에서도 이산화탄소가 필요하답니다."

두 손을 깍지 낀 채 선생님이 다시 물었습니다.

"또 나무에게 필요한 것이 무엇일까요?"

나는 하늘을 보았습니다.

해님이 방긋 웃고 있었습니다.

"선생님, 혹시 해……."

"그렇습니다. 햇빛입니다."

선생님은 손뼉까지 짝짝 쳐 주었습니다.

"나뭇잎은 햇빛과 물, 그리고 공기 중에 있는 이산화탄소를 이용해서 살아가는 데 필요한 양분을 만든답니다."

"그런데 이산화탄소가 뭐예요, 선생님?"

"이산화탄소는 우리가 숨을 내쉴 때 나오는 찌꺼기라 할 수 있어요."

"그 찌꺼기가 나무의 밥이 되나요?"

은비가 물었습니다.

"네, 사람은 숨을 쉴 때 산소를 들이마시고 이산화탄소를 내뱉는답니다. 반대로 나무는 이산화탄소로 햇빛과 물을 합쳐 밥을 만들고, 우리가

숨을 쉴 때 필요한 산소를 내뿜는답니다."

"선생님, 지금까지는 몰랐는데 나무는 참 고마운 식물이네요."

고개를 끄덕이며 선생님이 대답했습니다.

"잎으로 그늘도 만들어 주고 맑은 공기도 주니까요."

또 선생님은 힘주어 말했습니다.

"여러분이 밥을 먹고 몸이 자라듯이 나무도 햇빛과 물, 그리고 공기가 있어야 이렇게 튼튼하게 자랄 수 있답니다."

나는 허리를 곧게 펴고 선생님 설명을 들었습니다.

선생님은 책에 나오는 「아기 나무」 동시를 외워 보자고 했습니다.

"네, 좋아요, 선생님!"

우리는 모두 손뼉을 치며 큰 소리로 동시를 외웠습니다.

아기 나무

어서어서 자라라,

아기 나무야.

어서어서 자라라,

아기 나무야.

아기 나무 자라면

큰 나무 되지.

우리는 자라서

무엇이 될까?

나도 얼른 자라서 느티나무처럼 큰 나무가 되고 싶었습니다.

느티나무를 올려다보니 초록 잎들이 햇빛에 반짝거렸습니다. 초록 잎 사이로 푸른 하늘도 보였습니다. 느티나무가 초록 손을 살랑살랑 흔들어 주었습니다.

감꽃 줍기

"이제 여름이다. 이 옷으로 갈아입으렴."

할머니가 옷장에서 짧은 바지와 셔츠를 내주었습니다.

운동장 느티나무 근처에서는 철쭉이 한창 꽃을 피우고 있었습니다. 빨강, 분홍, 하얀색이 초록 잎과 잘 어울렸습니다. 철쭉은 꽃과 잎이 사이좋게 같이 났습니다.

셋째 시간이 시작되었을 때입니다.

"여러분, 청개구리 이야기 알지요?"

"예, 엄마가 동쪽으로 가라고 하면 서쪽으로 갔어요."

"산으로 가라고 하면 강으로 갔대요."

"오른손을 번쩍 들라고 하면, 왼손을 번쩍 들었어요."

"맞아요, 그런데 우리 반에도 청개구리가 있어요. 누구일까요?"

"문경식이에요!"

아이들이 입을 모아 소리쳤습니다.

"경식이는 청개구리니까 동물이네요."

태성이 말에 아이들은 모두 웃었습니다.

우리 반 칠판 오른쪽에 착한 어린이 표를 붙이는 곳이 있습니다.

착한 일을 했거나 발표를 잘하면 선생님이 해처럼 동그란 착한 어린이 표를 줍니다.

내 이름 위에는 착한 표가 나무가 자라는 것처럼 쭉쭉 뻗어 가고 있습니다.

그러나 경식이 이름 위의 표는 새싹이 돋아난 것처럼 아주 짧습니다.

"경식이! 이리 나오세요."

공부 시간인데도 뒤에서 까불까불 놀다가 선생님한테 이름이 불렸습니다.

경식이가 또 혼이 날까 봐 마음이 조마조마했습니다.

"교실에 있는 청개구리는 잡아서 연못으로 보내겠습니다."

나는 선생님만 바라보고 있었습니다.

"선생님, 연못에 가서 헤엄쳐도 돼요?"

경식이가 눈을 반짝이며 물었습니다.

눈이 동그래진 선생님이 고개를 흔들었습니다.

"아니야, 연못가 나무처럼 움직이지 않고 벌을 서는 거야!"

그래도 경식이는 헤헤 웃었습니다.

"3분 동안 나무처럼 움직이지 마세요!"

선생님은 웃지 않았습니다.

"움직이지 못하면 힘들겠다."

은비가 조그맣게 속삭였습니다.

경식이는 오른쪽 다리를 올려 왼쪽 다리에 붙이고 두 팔을 벌렸습니다.

움직이지 않는 나무가 된 경식이는 처음엔 싱글벙글 웃었습니다.

그러나 3분도 채 되지 않아 얼굴을 찡그렸습니다. 몸도 조금씩 흔들흔들했습니다.

"어때?"

경식이는 입술을 봉긋 내밀었습니다.

"힘들지? 그러니까 제발 공부 시간에는 돌아다니지 마, 약속!"

선생님과 손가락을 건 경식이가 자리로 돌아갔습니다.

"나무 벌이 힘든가 봐, 그치?"

은비가 내 눈을 들여다보며 물었습니다.

"가만히 있는 건 정말 힘들어."

"하지만 나무는 밤에도 서서 자잖아."

"나무는 나무니까."

은비와 나는 마주 보고 웃었습니다.

그때 수업을 마치는 음악 소리가 들려왔습니다. 경식이는 꾸중을 듣지 않은 아이처럼 금방 명랑해졌습니다.

"한슬아, 나 잡아 봐라."

그러더니 혀를 길게 내밀고 밖으로 뛰어나갔습니다. 나는 경식이를 잡으러 운동장으로 달려 나갔습니다.

"잡았다!"

내가 경식이 등을 탁 치자, 경식이가 싱긋 웃었습니다.

"이게 무슨 나무인지 알아?"

감나무가 줄지어 서 있는 곳에 털썩 주저앉으며 경식이가 물었습니다.

"감나무."

감꽃 | 감나무에 피는 누런색의 꽃으로, 5~6월에 펴요.

감

감나무 | 10미터 정도로 자라요. 감꽃이 핀 곳에 열매가 열리고, 열매는 가을에 주황색 또는 붉은색으로 익는데, 이것이 바로 감이에요.

경식이 옆에 나도 앉았습니다.

"어떻게 알았지?"

나는 빙긋 웃기만 했습니다.

노랗고 오목한 단지 모양의 감꽃이 땅에 많이 떨어져 있었습니다.

감꽃을 손에 든 경식이가 입에 넣고 오물거렸습니다. 아삭아삭 씹더니 나에게도 하나 주었습니다.

"먹어 봐."

"이걸 어떻게 먹어?"

"약간 떫기는 해도 괜찮아."

나는 경식이가 시키는 대로 감꽃을 입에 넣었습니다.

"퉤, 퉤!"

나는 고개를 내저으며 뱉어 버렸습니다. 약간 달짝지근하면서도 떫고 이상한 맛이 났습니다.

"한슬아, 저기 봐, 꽃이 떨어진 곳에 작은 감이 달려 있어."

"와, 아기 감이다!"

"귀엽게 생겼지?"

나는 고개를 끄덕였습니다.

"꽃이 떨어지고 나면 저렇게 열매가 생기는 거야."

경식이는 교실에서 보는 것과 달랐습니다. 밖으로 나오니 차분하고 다정했습니다.

"우리, 감꽃 주워 가자."

"그래."

떨어진 감꽃을 누가 많이 줍나 경식이와 내기

를 했습니다.

반짝 빛나는 넓은 이파리에 감꽃을 가득 담았습니다.

"우리 할머니 댁에 가면 감나무가 아주 많아. 감이 홍시가 되면 진짜 맛있다."

"나도 홍시를 좋아해."

볼록한 뺨을 홍시처럼 만지니까 경식이가 싱긋 웃었습니다.

"다음에 여기 와서 감 따 먹을까?"

내가 눈을 동그랗게 뜨고 경식이를 바라보았습니다.

"그러면 선생님한테 또 혼나겠지?"

"그래, 맞아. 학교에 있는 것은 함부로 하면 안 돼."

경식이는 고개를 끄덕이며 날 보았습니다.

"좋아, 그럼 가을에 우리 할머니 댁에 같이 가자."

함께 새끼손가락을 걸다가 주워 놓은 감꽃을 다 떨어뜨렸습니다.

그때 음악 소리와 함께 예쁜 누나의 목소리가 흘러나왔습니다.

"곧 수업이 시작됩니다. 모두 제자리로 돌아가세요."

"경식아, 빨리 교실로 가자!"

"그래, 한슬아!"

내가 먼저 교실로 들어갔습니다. 뒤이어 경식이가 느릿느릿 나를 따라 들어왔습니다.

감꽃 몇 송이를 내 짝 은비에게 주었더니 은비

감 | 감나무의 열매. 모양은 둥글거나 둥글넓적해요. 감나무의 감꽃이 지고 나면 초록색의 열매가 열리고, 이 열매가 가을에 익으면 붉은색이나 주황색을 띠어요. 익기 전에는 떫은맛이 나지만 익으면 단맛이 나요.

곶감 | 단단한 감을 따 껍질을 벗기고 꼬챙이에 꿰어서 말린 감이에요.

홍시 | 물렁물렁하게 익어 떫은맛이 없는 감이에요. 연시 또는 연감이라고 해요. 홍시는 감의 색깔이 붉어서 붙여진 이름이에요.

는 예쁘다며 필통 속에 넣었습니다.

"호호, 고마워, 오한슬."

"고맙긴……."

나는 조금 쑥스러워 머리를 긁적이며 은비를 보고 씩 웃었습니다.

감나무는 내가 열심히 공부하는 것처럼 부지런히 영양분을 만들어 감을 익게 할 것입니다.

나는 말랑말랑한 홍시를 생각하며 침을 꿀꺽 삼켰습니다.

과수원엔 벌과 나비

　매일 아침 아기 감이 커 가는 것을 보고 교실로 들어옵니다.

　방송 조회 시간이 끝났을 때입니다.

　"선생님, 해동이가 숙제 또 안 해 왔대요. 준비물도 챙겨 오지 않았고요."

　해동이 짝꿍인 나연이가 선생님께 일러 주었습니다.

　나도 입이 간지러웠습니다.

"딱지도 샀고, 불량 식품도 사 먹었어요."

어제 해동이가 한 행동을 나는 봤습니다.

"여러분! 모두 자리에 앉아 보세요."

선생님은 우리를 둘러보았습니다.

"준비물도 챙겨 오지 않고, 불량 식품을 사 먹은 건 분명 잘못이에요. 하지만 고자질하는 것도 좋은 일은 아니에요."

선생님의 낮은 숨소리가 내 귀까지 들렸습니다. 무언가 잘못한 것 같아 가슴이 콩콩 두근댔습니다.

"해동이 아버지와 어머니는 과수원에서 일하신답니다."

"과수원이 뭐예요?"

"과일나무를 가꾸는 곳이에요. 사과, 배, 복숭

아 같은 과일이 나무마다 주렁주렁 달려 있지요."
 "야, 맛있겠다!"
 "아버지와 어머니가 과수원에서 일하시기 때문에 할머니랑 산답니다. 그래서 해동이가 준비물을 잘 가져오지 못한다고 하니 어떡하면 좋을까요?"
 "아무리 할머니와 살아도 준비물쯤은 자기가 챙겨야 해요."
 "맞아요, 맞아."
 내 짝 은비도 고개를 끄덕이며 말했습니다.
 해동이는 부끄러운 듯이 고개를 푹 숙이고 있었습니다.
 나는 힐끔힐끔 고개 숙이고 있는 해동이를 바라보며 후회했습니다.

'어휴, 내가 선생님한테 일러바쳐 해동이가 힘이 없나 봐.'

해동이 할머니 집이 우리 집 근처라 나는 해동이와 함께 집에 갑니다.

"해동아, 선생님한테 이른 거 미안해."

"괜찮아."

해동이가 힘없이 말했습니다.

"어디 아파?"

"아니, 엄마가 보고 싶어서."

해동이는 하늘을 올려다보았습니다.

"엄마더러 오시라고 하면 되지."

"안 돼. 우리 아빠와 함께 사과나무를 돌봐야 하거든."

"사과나무도 돌봐 줘야 해?"

"그래야 꽃을 많이 피울 수 있대."

나는 고개를 끄덕이며 해동이 말에 귀를 기울였습니다.

"우리 과수원의 나무에 꽃이 활짝 피면 나비와 벌이 엄청 날아온단다."

"야, 좋겠다!"

"좋기는, 잘못해서 벌한테 쏘이면 얼마나 아프다고……."

"벌한테 쏘여 본 적 있어?"

"그럼. 너무 아파서 엉엉 울었어."

찡그리는 해동이가 무척 안돼 보여 나는 달래 주듯이 말했습니다.

"과수원에 벌이 한 마리도 없으면 좋을 텐데, 그치?"

"너 바보 아니니?"

나보다 받아쓰기도 못하는 해동이가 바보라고 하자 기분이 아주 나빴습니다.

"야! 네가 바보지, 내가 바보야?"

해동이도 지지 않았습니다.

"꽃이 필 때 나비나 벌이 없으면 열매가 맺히지 않는단 말이야."

"왜?"

"엄마와 아빠가 사랑해서 우리가 생겼듯이, 꽃도 암술과 수술이 있어야 열매가 열린대."

"암술과 수술이라고?"

"그래, 꽃을 자세히 보면 한가운데에 한 개씩 길고 굵은 것이 나 있어. 그게 암술이야. 그리고 암술 둘레에 여러 개 있는 것은 수술인데, 이 수

노랑참나리

암술

수술

백합   백합

암술과 수술 | 식물이 열매를 맺는 데 필요한 기관으로, 꽃의 중심에 있어요. 수술은 꽃가루를 만드는 곳이고, 암술은 꽃가루를 만나 씨와 열매를 만드는 곳이에요.

술에 꽃가루가 붙어 있어."

"해동아, 너 꽃 박사구나."

"으응, 과수원에 갔을 때 우리 외삼촌이 알려 주셨어. 헤헤."

해동이가 으스대며 말했습니다.

"암술은 수술보다 훨씬 더 위쪽에 있어. 그래서 나비나 벌이 꿀을 빨아 먹으려고 꽃에 앉았을 때 다리에 묻힌 수술의 꽃가루를 암술머리에 옮겨 줘야 열매를 맺을 수 있어. 이것을 수분(꽃가루받이)이라고 해."

"그렇구나. 나는 나비나 벌이 그냥 날아다니는 줄만 알았어."

나는 슬쩍 해동이의 오른쪽 어깨에 손을 얹었습니다.

수분 | 수술의 꽃가루가 암술머리에 옮겨 붙는 일. 바람, 곤충, 새, 또는 사람이 손으로 옮겨 주어요.

"그럼, 꽃가루를 나르는 일은 꼭 벌이나 나비만 할 수 있어?"

"아니야. 사과나무는 벌이나 나비가 나르지만, 소나무는 바람이 나른대. 또 사람도 할 수 있어."

"어떻게?"

"부드러운 붓으로 수술 위에 있는 꽃가루를 묻

혀 암술머리에 톡톡 찍어 주면 된대."

"아, 나비나 벌이 오지 않으면 내가 나비가 되어 수술에서 꽃가루를 묻혀 암술머리에 옮겨 주면 되는구나."

해동이는 흐흐 웃었습니다. 비록 받아쓰기는 잘 못해도 해동이가 무척 똑똑하다고 생각했습니다.

"올 여름에는 햇빛도 많이 받아서 사과가 주렁주렁 많이 열렸대."

해동이가 또 자랑을 했습니다.

"사과 맛도 아주 좋단다."

나는 침이 고였습니다. 해동이가 부럽기도 했습니다.

"우리 집도 과수원이면 좋겠다."

어깨를 으쓱 들어 올린 해동이가 멋쩍게 웃었습니다.

"난 너처럼 엄마와 살았으면 좋겠어."

해동이는 엄마가 무척 보고 싶은가 봅니다.

나도 문득 엄마가 보고 싶어졌습니다. 엄마는 매일 아침 회사에 나갔다가 저녁 늦게야 돌아옵니다.

해동이와 헤어진 뒤 터벅터벅 집으로 돌아왔습니다.

힘없이 들어가 할머니에게 물었습니다.

"할머니, 엄마는 언제 와요?"

"젖 먹을래? 엄마는 왜 찾는담. 어디 보자, 내 새끼."

할머니는 이마까지 내려온 내 머리카락을 쓸어

넘기며 말했습니다.

"엄마도 네가 보고 싶은지 오늘은 일찍 온다는구나."

그때 현관문이 열리는 소리가 났습니다. 엄마였습니다.

나는 벌떡 일어나 문을 박차고 나갔습니다. 엄마가 팔을 크게 벌리며 들어왔습니다.

"엄마, 보고 싶었어."

"엄마도 우리 한슬이가 보고 싶었단다."

내 손을 꼭 잡으며 엄마가 말했습니다.

"내 새끼, 언제 이렇게 손이 통통해졌지?"

엄마는 내 손에 쪽 뽀뽀를 해 주었습니다.

바람개비를 닮은 단풍나무씨

손만 통통해진 것이 아니라 마음도 살이 찐 것 같았습니다. 책도 읽고, 수학 공부도 열심히 해서 시험지마다 동그라미가 가득했습니다.

학교 가는 길에 줄지어 서 있는 나무처럼 키도 한 뼘이나 자랐습니다.

나는 팔을 쭉 뻗어 벚나무와 키를 맞추곤 했습니다.

학교 가는 길에서 만난 단풍나무에 이상한 것

이 달렸습니다.

　나무를 좋아하는 나는 걸음을 멈추고 자세히 들여다보았습니다. 아기 손바닥 같은 잎자루 사이로 조롱조롱 날개 같은 것이 나 있었습니다. 재미있게 생겼습니다. 배트맨의 안경 같기도 하고, 짝을 잃어버린 바람개비 같기도 합니다. 하나를 똑 땄습니다. 손에 쥐고 교실로 갔습니다.

　교실 문은 잠겨 있었습니다. 선생님이 가르쳐 준 번호를 기억하고 꼭꼭 눌렀습니다.

　드르륵 앞문을 열었습니다. 아무도 오지 않은 교실에 책상들이 기다렸다는 듯이 날 보고 있었습니다.

　책상 서랍 안에 책을 넣고 책가방은 사물함에 넣었습니다. 그리고 앞쪽 창문부터 활짝 열었습니다.

"드르륵."

창밖에 있던 맑은 공기가 우리 교실로 확 들어왔습니다.

목련나무는 잎이 가지를 다 덮어 버렸습니다. 그 그늘에서 가위바위보 놀이를 하면 참 좋겠습니다.

그 옆에 있는 초록색 짙은 나무는 향나무입니다. 가지마다 초록 구름이 동그랗게 앉아 있는 것처럼 보였습니다. 향나무 가슴에 새들이 앉아 노래하고 있었습니다.

"짹짹, 짹짹짹."

마치 나에게 아침 인사를 하는 것 같았습니다. 자세히 보려고 하자, 어디론가 휙 날아가 버렸습니다.

뒷문을 열었을 때 귀에 익은 소리가 들렸습니다.

"한슬이가 제일 먼저 왔구나."

선생님이 빙그레 웃고 있었습니다.

나는 가지고 있던 단풍나무 잎자루를 선생님 앞에 내밀었습니다.

"선생님, 이것 보세요."

"아직 익지 않은 단풍나무씨로구나."

"재미있게 생겨서 좀 전 학교 오는 길에 하나 땄어요."

"저런, 익지 않은 씨를 따는 것은 칭찬할 수 없는걸!"

"죄송해요, 선생님."

선생님은 웃으며 나뭇잎 사이에 달린 것을 이리저리 살폈습니다.

"한쪽 날개를 잃어버린 바람개비 같아요."

"그래, 이 씨가 익어 바람에 날리면 또 한 그루의 단풍나무가 생기게 된단다."

"선생님, 그런데 이 씨는 왜 바람개비처럼 생겼나요?"

"글쎄, 왜 그렇게 생겼을까?"

선생님이 다시 물었습니다.

"날아가기 좋으라고 그렇게 생겼지요?"

"그래, 단풍나무는 씨를 바람에 날려서 더 많은 단풍나무를 키우고 싶은 거야."

그때 은비가 들어왔습니다.

"선생님, 그게 뭐예요?"

"단풍나무씨란다."

은비도 이리저리 만져 보았습니다.

"다른 씨는 다 동그랗게 생겼는데, 이것은 모양이 이상해요."

"그렇지. 씨마다 모양이 다 다르단다. 씨 속에는 그 식물의 모습이 들어 있어."

"선생님, 그럼 단풍나무 모양과 색깔이 이 씨 속에 다 들어 있나요?"

"그렇단다."

은비가 손뼉을 치며 말했습니다.

"감씨 안에 숟가락 같은 것이 들어 있었어요. 나중에 잎과 뿌리가 된다고 엄마가 이야기해 주셨거든요."

"맞아, 사과씨 안에도 잘라 보니 뭐가 들어 있

었어."

나는 단풍나무씨를 자세히 살피며 큰 소리로 말했습니다.

"잠깐만."

선생님이 작은 상자 하나를 서랍 속에서 꺼냈습니다. 거기에는 씨 이름을 쓴 필름 통이 들어 있었습니다.

선생님이 '소나무씨'라고 쓴 통을 거꾸로 쏟았습니다.

소나무씨도 단풍나무씨처럼 날개를 달고 있었습니다.

"단풍나무씨하고 닮았어요, 선생님."

"그래, 비슷하지?"

선생님은 또 다른 필름 통을 꺼냈습니다.

"이건 민들레씨란다."

"솜털 같은 게 달려 있어요."

"꽃이 지면 털실 공 같은 씨가 생겨서 퍼지는데 참 보기 좋단다."

선생님은 민들레가 씨를 퍼뜨리는 그림도 보여 주었습니다.

"단풍나무, 소나무, 민들레씨는 바람에 날려서 자손을 퍼뜨린단다."

"자손을 퍼뜨린다는 것은 똑같은 아기 나무를 만든다는 거지요?"

"그렇단다."

선생님은 다른 필름 통에 든 뾰족한 씨 하나를 또 꺼냈습니다.

"이런 씨 본 적 있니?"

둥근 모양에 온통 침이 나 있었습니다.

"네, 시골에 갔을 때 내 옷에 잔뜩 달라붙었어요. 엄마랑 그걸 떼느라고 고생한 적이 있어요."

은비가 아는 친구를 만난 것처럼 반가워하며 말했습니다.

"맞아, 이건 도꼬마리씨인데 동물의 몸에 붙어서 옮기려고 침이 나 있단다."

"와, 이거 가슴에 달면 예쁘겠다!"

엄마가 회사 갈 때 왼쪽 가슴에 다는 예쁜 브로치가 생각났습니다.

선생님은 또 작은 씨 세 개를 손바닥에 얹었습니다.

"이건 무슨 씨일까?"

밤색인데 아주 작고 동그랬습니다.

노란 꽃이 활짝 핀 민들레

민들레씨 | 흰 깃털이 있어 조금만 바람이 불어도 멀리멀리 날아가 씨를 퍼뜨려요.

날아가는 민들레씨

꽃이 진 민들레

단풍나무씨

솔방울

밤송이
도꼬마리씨 

씨 | 식물의 열매 속에 있어요. 이 씨에서 싹이 터서 자라나 종족을 번식해요.

단풍나무씨 | 바람에 날아가 씨를 퍼뜨려요.
솔방울 | 소나무의 씨로, 잔비늘처럼 겹겹이 달려 있는 조각 사이에 씨가 들어 있어요.
밤송이 | 밤나무의 씨로, 알밤이 씨예요.
도꼬마리씨 | 갈고리 모양의 가시가 있는 씨가 동물의 몸에 달라붙어 씨를 퍼뜨려요.

"손대면 '톡' 하고 터지는 거야."

선생님이 웃으며 말해 주었습니다.

"손대면 '톡' 하고 터지는 것……."

은비가 고개를 갸웃하며 중얼거렸습니다.

"아, 알았다! 봉숭아씨예요."

내가 먼저 큰 소리로 말했습니다.

유치원 때 꽃밭에서 선생님이랑 씨받기를 한 것이 생각났습니다.

"그래. 봉숭아씨는 익으면 스스로 흩어져 또 싹이 난단다."

"진짜 신기하다."

선생님은 다른 필름 통을 꺼냈습니다.

"이것은 뭘까?"

선생님은 이름이 써 있지 않은 필름 통 뚜껑을

열었습니다.

꽉 끼여 있어 꺼내기가 조금 힘들었습니다.

"그건 밤이잖아요."

"그래, 밤이야. 밤나무는 씨를 그 자리에 그대로 떨어뜨려 자손을 퍼뜨린단다."

"어? 선생님, 그럼 우리가 밤나무씨를 먹는 건가요?"

은비가 고개를 갸웃거리며 물었습니다.

"그렇구나, 우리 사람들은 밤씨를 먹고 있는 셈이구나, 호호호!"

"사람들은 나빠요. 아기 밤나무가 자라지 못하게 먹어 버리잖아요."

은비가 화가 난 듯 말했습니다.

"걱정 마. 사람들이 아무리 많이 먹어도 밤은

충분하단다."

가만히 고개를 끄덕이던 은비가 멋쩍게 웃었습니다.

"선생님, 씨 중에서 밤이 제일 크네요."

"여기 있는 씨 중에서는 제일 크다고 할 수 있겠네."

선생님은 우리에게 보여 주었던 씨를 모아서 다시 필름 통에 넣었습니다.

"한슬이 덕분에 오늘 아침, 씨 공부 잘했다. 그치?"

"헤헤, 식물은 알아도 알아도 흥미로워요. 정말 재미있어요."

나는 내가 가져온 단풍나무씨를 은비 손바닥에 얹어 주었습니다.

단풍나무 | 키가 10미터 정도로 자라요. 4~5월에 작고 검붉은 꽃이 피고, 10월에 열매가 열려요.

은비는 '후~!' 하고 불었습니다. 단풍나무씨는 그대로 바닥에 떨어졌습니다. 익지 않아서 그런지 더 멀리 가지는 않았습니다. 문득 단풍나무에게 미안한 마음이 들었습니다.

"이 씨가 익으면 멋진 단풍나무가 될 수 있는데……."

나는 나직이 혼자 중얼거렸습니다.

은비는 씨를 얼른 주워 필통 안에 소중하게 넣었습니다. 나는 그런 은비를 보고 웃었습니다.

다리 사이로 소나무 보기

조롱조롱 달린 단풍나무씨가 어떻게 변하나 한 번씩 쳐다봅니다. 조금씩 색깔이 달라지면서 점점 여물어 가고 있습니다. 단풍나무씨가 떨어지면 우리 집 뜰에 심을 겁니다.

전에 심어 놓은 사과씨는 아직도 소식이 없습니다. 언젠가 싹이 트고 자라서 사과가 주렁주렁 열리겠지요. 그런 생각을 하면 나도 모르게 기분이 좋아집니다.

쉬는 시간에 경식이와 함께 소나무 동산에 올라갔습니다.

"야, 저기 허수아비가 있다."

"멋지다!"

소나무 앞 교재원 가운데에 허수아비 하나가 서 있었습니다. 교재원은 교육에 필요한 동식물을 사육하고 재배하여 학생들이 관찰할 수 있게 한 곳입니다.

경식이가 소나무 뒤에 바싹 몸을 숨기며 말했습니다.

"나 찾아봐라."

"숨어도 네 옷 다 보인다."

경식이가 소나무를 안았습니다.

나도 같이 나무를 안았더니 경식이 손이 닿았

습니다.

소나무는 우툴두툴한 솔방울을 주렁주렁 달고 있었습니다. 가늘고 뾰족한 잎이 여러 개 달려 있었습니다.

나는 잎을 하나씩 하나씩 떼어 내며 경식에게 물었습니다.

"이 나무 이름이 뭔지 아니?"

경식이는 눈을 찡그리며 소나무를 올려다보았습니다.

"느티나무?"

"아니야, 느티나무는 잎이 넓은데 이건 바늘처럼 뾰족하잖아."

"넌 무슨 나무인지 알아?"

"그래, 소나무야."

"아! '소나무야 소나무야 언제나 푸른 그 빛'에 나오는 그 소나무?"

경식이는 두 손을 모으고 큰 소리로 노래를 불렀습니다.

"애국가 부를 때도 나오잖아. 남산 위에 저 소나무 철갑을 두른 듯~."

하나 둘 셋 넷 지휘를 하면서 나도 애국가를 불렀습니다.

교재원에는 호박과 옥수수, 조가 심어져 있었습니다. 모두 이름표를 달았습니다.

허수아비는 밀짚모자에 주머니가 달린 헐렁한 옷을 입었습니다.

"나무처럼 허수아비도 하루 종일 서 있으니 힘들겠다, 그치?"

한쪽 눈을 찡긋하며 경식이를 바라보았습니다.

"나무 벌, 진짜 힘들더라. 별것 아닌 줄 알고 얕보았다가 혼났어."

경식이는 벌을 섰던 때를 생각하며 얼굴을 찡그렸습니다.

"우리 노래 부를까?"

뜬금없이 경식이 노래를 하자고 했습니다.

"무슨 노래? 맞다, 허수아비 노래하자!"

우리는 수업 시간에 배웠던 허수아비 노래를 불렀습니다.

하루 종일 우뚝 서 있는

착한 허수아비 아저씨

하하하하 조심하세요

모자가 벗겨지겠네

하루 종일 참고 서 있는

착한 허수아비 아저씨

경식이는 신나게 노래를 부르며 허수아비 흉내도 냈습니다.

그때 교장 선생님이 교재원으로 올라왔습니다.

"안녕하세요, 교장 선생님?"

"노래를 잘하는구나."

교장 선생님은 비뚤어진 허수아비 몸을 바로 세워 주었습니다.

"허 참, 여기에다 돌을 넣다니, 허수아비가 힘들 텐데……."

교장 선생님이 허수아비 주머니에 든 돌멩이를

꺼내면서 말했습니다.

　내가 넣은 것도 아닌데 공연히 얼굴이 붉어졌습니다.

　교장 선생님은 흙 위로 볼록 나온 소나무 뿌리를 깔고 앉았습니다.

　"교장 선생님, 뿌리가 아프잖아요!"

　경식이가 교장 선생님에게 소리쳤습니다.

　"허허, 그 녀석."

　교장 선생님은 일어나지 않고 웃었습니다.

　"나무는 말은 안 해도 일을 하고 있어요."

　나는 조심스럽게 말했습니다.

　"너희들, 몇 학년 몇 반이냐?"

　"1학년 4반입니다."

　"나무가 일한다는 것을 아는 걸 보니 대단한 1

학년이구나."

"우리 선생님이 가르쳐 주셨어요."

나는 자랑스럽게 말했습니다.

"그래, 뿌리는 흙 속에 있는 영양분이나 물을 빨아들인단다. 나무가 클수록 뿌리도 깊이 박혀 있지."

교장 선생님은 앉은 자리에서 뿌리를 툭툭 치면서 말했습니다.

"교장 선생님, 그럼 소나무 뿌리는 땅속 깊이 들어 있겠네요?"

"그렇지. 너희들 뿌리가 어떻게 생겼는지 아니?"

경식이가 고개를 가로저었습니다.

"나뭇가지 모양이 바로 그 나무의 뿌리 모양이

란다."

"뿌리가 나뭇가지처럼 생겼다고요?"

처음 듣는 이야기라 재미있었습니다.

"허리를 숙여서 다리 사이로 나무를 한번 쳐다보렴. 이렇게."

교장 선생님은 벌떡 일어나더니 다리 사이로 소나무를 보았습니다.

경식이와 나도 허리를 숙여 교장 선생님을 따라 했습니다.

"서서 보는 것과 느낌이 달라요."

"그렇게 거꾸로 보이는 나뭇가지 모양이 바로 뿌리 모양이란다."

"야, 재미있다!"

경식이는 계속해서 다리 사이로 나무를 보았습

니다.

"교장 선생님이 뿌리에 대해 말해 줄게."

교장 선생님이 자리를 고쳐 앉았습니다.

경식이와 나는 쪼그리고 앉았습니다.

양파　벼　파

수염뿌리 | 뿌리줄기에서 수염처럼 많이 뻗어 나온 뿌리를 말해요.

"뿌리에는 굵은 뿌리(원뿌리)와 수염뿌리가 있는데, 굵은 뿌리를 가진 것으로는 소나무나 잣나무·느티나무 등이 있고, 수염뿌리를 가진 것으로는 벼나 파·양파 같은 것이 있단다."

땅에다 나무 한 그루를 그린 교장 선생님이 말을 이었습니다.

"또 뿌리는 나무가 쓰러지지 않도록 받쳐 주고 땅속에서 물과 양분을 빨아들이기도 한단다."

돋보기안경 너머로 우리를 보던 교장 선생님이 말했습니다.

"물과 양분을 빨아들이는 일은 주로 뿌리 끝부분에 수없이 많이 나 있는, 실처럼 가는 뿌리털이 한단다."

"뿌리털이 없으면 어떻게 되나요?"

경식이가 물었습니다.

"뿌리털이 없으면 나무는 살 수가 없단다."

"왜요?"

"양분을 빨아들이지 못하니까."

그때 수업 시작을 알리는 음악 소리가 들렸습니다.

굵은 뿌리(원뿌리) | 식물의 최초 뿌리에서 직접 이어져서 주가 되는 뿌리. 너도밤나무(위), 소나무(아래) 등은 굵은 뿌리 식물이에요.

"대단한 1학년들아, 이제 들어가 공부해야지?"

"네, 교장 선생님, 안녕히 계세요."

나는 경식이 손을 잡고 인사를 했습니다.

경식이도 꾸벅 고개를 숙였습니다.

교장 선생님이 활짝 웃으며 손을 흔들어 주었습니다.

교실로 들어가서 선생님에게 말했습니다.

"교장 선생님이 저하고 경식이보고 대단한 1학년이래요."

"무슨 말이니?"

선생님이 물었습니다.

소나무 동산에서 있었던 이야기를 하자 선생님은 빙그레 웃었습니다.

"그래, 대단한 1학년이구나."

그런데 경식이는 자리에 앉지도 않고 또 돌아다녔습니다.

"대단한 경식이, 빨리 자리에 앉아요."

선생님이 말했습니다.

'늘 푸른 소나무처럼 열심히 공부하는 경식이가 되었으면…….'

나는 경식이를 보며 손가락으로 브이(V) 자를 만들었습니다.

경식이는 내 마음을 아는지 모르는지 빙긋 웃었습니다.

울긋불긋 가을 산

 토요일 아침이었습니다. 아버지와 함께 등산 갈 준비를 했습니다.
 "하늘이 점점 높아지는 걸 보니 가을이 오긴 왔구나."
 항상 그 자리에 있는 하늘을 엄마는 높다고 했습니다.
 "오늘 등산하기 참 좋은 날씨네. 잘 갔다 오렴."
 엄마는 아쉬운 듯 돌아보면서 회사로 바삐 갔

습니다.

지하철과 마을버스를 갈아타고 산 입구에서 내렸습니다.

산은 울긋불긋 아름다웠습니다. 엄마 말처럼 하늘이 멀고 높아 보였습니다. 구름 한 점 없이 푸르고 맑았습니다.

길가에는 코스모스가 한들한들 고개를 흔들고 있었습니다. 빨간 고추잠자리가 아버지 모자에 앉았다 휙 날아갔습니다.

길을 가다가 알록달록
단풍잎을 만났어요
구불구불 들길에는
은행잎이 쌓이고

> 탐스러운 밤송이가
> 떠억 벌어졌어요

 나는 「가을」이라는 노래를 소리 높여 불렀습니다. 아버지도 금방 따라 했습니다.
 노랗게 물든 은행나무가 환하게 웃고 있었습니다. 단풍잎은 빨갛게 물이 들었고 어떤 것은 끝이 말라 있었습니다.
 "여기 봐라, 개암나무 열매가 달렸구나."
 아버지가 작은 밤처럼 생긴 연한 갈색 열매를 가리켰습니다.
 "꼭 작은 밤 같아요, 아버지."
 작은 종지에 담겨 있는 개암 열매가 무척 귀여웠습니다.

나는 개암나무 열매를 땄습니다. 은비에게 주려고 세 개는 호주머니 안에 넣었습니다.

아버지가 손으로 껍질을 까서 내 입에 넣어 주었습니다.

"고소해요, 아버지."

"그래, 밤은 날로 먹으면 보늬가 있어서 떫지만 이것은 고소하단다."

"보늬가 뭐예요?"

"밤 껍질을 까 보면 연갈색 속껍질이 있지? 그걸 보늬라고 한단다."

나는 고개를 끄덕였습니다.

"저기 봐라, 감나무다!"

아버지가 가리키는 곳에는 감이 주렁주렁 달려 있었습니다.

"야! 불꽃놀이를 하는 것 같아요!"

"그래, 불꽃이 확 번질 때의 모습이구나!"

아버지와 나는 한참 동안 감나무를 올려다보았습니다.

한 손을 번쩍 들어 아버지가 감 하나를 똑 땄습니다.

"아버지가 어릴 때, 긴 장대에다 올가미를 달아매서 감을 땄단다. 할머니는 항상 말씀하셨어. 모조리 다 따면 안 되고 몇 알은 꼭 남겨 두어야 한다고 말이다."

"왜 남겨 두어요?"

"까치가 먹도록 남겨 두는 거란다."

"까치밥인가요?"

"그래, 날짐승에게도 먹을 것을 나누어 주며 함

께 살아가려 했던 우리 조상들의 아름다운 풍습이란다."

나는 고개를 끄덕였습니다.

"경식이 할머니 댁에도 감나무가 많대요. 같이 가기로 했어요."

"그래, 갔다 오렴."

아버지와 나무에 대해 공부하는 것이 참 재미있었습니다.

"아빠, 우리 토요일마다 산에 와요."

"그럴까?"

"경치도 좋고 마음도 시원해지잖아요."

아버지도 기분이 좋아 보였습니다.

"앗, 따가워. 이게 뭐예요?"

동그란 가시투성이가 발에 밟혔습니다.

"밤송이야. 밤도 아주 많이 열렸구나."

아버지는 배낭을 풀고, 두 발로 가시투성이 밤송이를 벌렸습니다. 밤송이 안에는 반짝반짝 알밤이 들어 있었습니다. 아버지가 알밤을 깨물어 겉껍질을 벗겼습니다.

"이게 보늬란다."

보늬 속에 든 알밤을 톡 깨물었습니다. 약간 떫

밤나무

기는 했지만 맛이 있었습니다.

아버지와 나는 밤송이를 발로 깐 다음 그 안에 있는 알밤을 꺼내 배낭에 넣었습니다.

보늬에 싸인 알밤

"야, 정말 좋구나!"

아버지는 두 팔을 젖히며 크게 숨을 쉬었습니다. 나도 얼른 아버지를 따라 체조하듯 팔을 돌렸습니다.

"가을은 참 멋진 계절이야. 하지만 밤이 이렇게 토실토실 여물려면 말이다……."

"알아요. 햇빛도 필요하고, 물, 또 이산화탄소가 있어야 해요."

"와, 우리 한슬이 아는 것이 많구나!"

"1학년이잖아요."

"몸에 양분을 만들기 위해 쉬지 않고 일을 하면서 불어오는 바람이나 기어오르는 벌레도 견딜 수 있어야 큰 나무가 되는 거란다."

"우리 선생님도 말씀하셨어요. 아기 나무가 자라서 큰 나무가 되려면 비바람도, 뜨거운 햇볕도 이겨야 한다고요."

아버지는 빙그레 웃으며 내 머리를 쓰다듬어 주었습니다. 멋진 느티나무 같은 우리 아버지의 큰 손이 따뜻했습니다.

나뭇잎이 물드는 이유

산에서 따 온 개암 열매를 은비에게 주고 돌아설 때였습니다.

"한슬아, 우리 반에서 누가 제일 좋아?"

은혜가 내게 대뜸 이렇게 물으며 싱글벙글 웃었습니다. 은영이도 방긋방긋 웃으며 곁에 서 있었습니다.

"야, 그걸 어떻게 말해!"

나는 대답을 대충 얼버무리고는 얼른 자리로

돌아와 앉았습니다.

은혜는 졸졸 따라다니며 또 물었습니다.

하지만 나는 좋아하는 아이 이름을 말할 수 없었습니다. 좋아하는 사람은 비밀로 남겨 두는 것이 좋습니다. 선생님도 정말 소중한 것은 눈에 보이지 않으며, 함부로 말해도 안 된다고 했습니다.

내가 좋아하는 아이는 머리에 예쁜 방울을 달고 있습니다. 입가에 볼우물이 옴폭 파이고 언제나 잘 웃는 아이입니다. 가끔씩 토라지기도 하지만, 발표도 잘하고 아는 것도 많습니다.

"좋아하면 결혼하는 거니?"

갑자기 은비가 물었습니다.

나는 비밀을 들킨 사람처럼 깜짝 놀랐습니다. 가슴이 콩닥콩닥, 두근두근 뛰기 시작했습니다.

"그렇겠지, 뭐."

관심이 없는 척 말했습니다.

"그럼 오한슬 너, 은혜와 결혼하겠네?"

"뭐라고? 이 바보야!"

가슴을 치면서 은비를 노려봤습니다.

"내가 왜 바보야? 네가 바보지!"

은비는 쌜쭉 토라졌습니다.

토라지는 모습이 너무 귀여워서 슬그머니 웃음이 나왔습니다.

은비가 팔짱을 끼며 말했습니다.

"쳇!"

나도 질세라 똑같이 팔짱을 끼며 콧방귀로 답했습니다.

"흥!"

하지만 곧 팔을 풀고 말했습니다.

"은비야, 우리 뒤뜰로 놀러 갈래?"

은비는 못 이기는 척 고개를 끄덕였습니다.

나는 떨어진 예쁜 나뭇잎을 주웠습니다. 은행잎 석 장, 단풍잎 넉 장, 감나무잎 다섯 장을 가지런히 모았습니다. 그리고 말했습니다.

"널 위해 준비했어."

은비가 두 손으로 받았습니다.

"고마워!"

방긋 웃으며 말하는 은비가 꼭 우리 엄마처럼 예뻤습니다.

"그런데 왜 나뭇잎은 색깔이 변하지?"

은비가 고개를 갸웃거리며 물었습니다.

"글쎄?"

내가 머뭇거리자 은비가 말했습니다.

"넌 나무 박사잖아. 그런데 몰라?"

"으음, 내일 알아 올게."

"오케이!"

나는 집으로 돌아오자마자 컴퓨터를 켜고 검색을 했습니다. 정말 은비 말처럼 나무 박사가 되고 싶었습니다.

'가을에는 왜 나뭇잎 색깔이 변할까?'

그 이유를 찾았습니다.

할머니가 불렀습니다.

"한슬아, 홍시 먹으렴. 참 맛있다."

"할머니, 잠깐만요."

"무얼 그렇게 열심히 하니?"

"할머니, 왜 단풍이 드는지 아세요?"

"아름다운 가을을 만들려고 하느님이 색칠한 게 아닐까?"

"그게 아니고요, 나뭇잎에는 초록색만 들어 있는 것이 아니라 빨간색과 노란색도 들어 있대요. 여름에는 초록 색소의 힘이 세지만 가을이 되면 초록 색소의 힘이 약해진대요. 그래서 잎의 색깔도 자리를 바꾸는 거래요."

"그렇구나. 찬바람이 불면 삼베 이불을 넣어 두고 폭신한 솜이불로 바꿔야 하는 것처럼……."

할머니가 고개를 끄덕이며 웃었습니다.

예사로 보았는데 나뭇잎은 참 신기했습니다. 나뭇잎 안에 초록색만 있는 게 아니라 빨강, 노랑 등 여러 가지 색이 들어 있다고 하니 정말 놀라웠습니다.

"가을이 되어 잎에 물이 드는 이유는 말이야, 나뭇잎 속에 들어 있는 초록색의 힘이 약해지기 때문이래. 그래서 초록색은 점점 없어지고 빨간색, 노란색이 서서히 나타나는 거란다."

나는 내일 은비에게 해 줄 말을 여러 번 연습했습니다.

단풍잎은 빨간색이 많이 나타나는 거고, 은행잎은 노란 색소가 많이 나타나서 그렇다는 것도 알았습니다.

"야호!"

나뭇잎이 물드는 이유를 알고 나니 정말 박사가 된 기분이었습니다.

저녁에 아버지가 퇴근했을 때 단풍이 드는 이유를 설명했습니다.

"한슬이 박사님, 잘 알겠습니다."

아버지가 싱글벙글 웃으며 말했습니다.

"단풍이 드는 이유를 이렇게 생각하면 더 쉬워. 나무는 붉은 치마와 노란 치마를 안에 입고, 초록 치마는 밖에 입고 있는 거야. 그러다 가을이 되면 초록 치마를 벗어 버리는 거지. 그러면 안에 입은 붉은 치마와 노란 치마가 보이겠지?"

"아, 그렇구나!"

"그리고 나뭇잎을 초록빛으로 보이게 하는 것을 엽록소라고 한단다."

"엽록소?"

"그래, 뿌리는 밤낮으로 물과 양분을 잎으로 보낸단다. 잎이 빨아들인 이산화탄소와 뿌리가 보낸 물과 양분이 만나 포도당이 만들어지지. 그때 햇빛이 필요하단다."

마침 엄마가 들어오면서 말했습니다.

"그것을 '광합성'이라고 해."

"다시 말하면 광합성이란 이산화탄소와 물, 그리고 햇빛으로 잎에서 포도당이라는 양분을 만드는 것을 말한단다."

아버지가 다시 설명을 했습니다.

"잎은 광합성을 할 때, 사람과 반대로 이산화탄소를 마시고 산소를 내뱉어."

"아, 그래서 나무를 많이 심으면 산소가 나와서 좋다고 하는군요."

"우리 한슬이가 엄마를 닮아 똑똑하구나!"

엄마가 함박웃음을 지으며 말했습니다.

"아무튼 말이야, 엄만 소나무나 향나무처럼 사

단풍이 드는 나무 | 단풍나무(위), 은행나무(아래) 등은 가을이 되면 초록색 잎이 빨간색이나 노란색으로 변해요.

단풍이 들지 않는 나무 | 향나무(위), 소나무(아래) 등은 가을이 되어도 초록색 잎이 변하지 않아요.

철 푸른 나무보다 가을이 되면 물이 드는 나무가 좋더라."

그러자 할머니가 설레설레 고개를 저으며 말했습니다.

"아니야, 사람은 푸른 나무처럼 언제나 푸른 게 좋아."

그러자 엄마가 다시 말했습니다.

"가을이 이렇게 아름다운 것은 바로 물이 드는 나무가 있기 때문이 아닐까요?"

아버지가 고개를 끄덕이면서 덧붙였습니다.

"맞는 말이야. 나무가 다 푸르다면 멋이 없겠지. 늘푸른나무는 단풍 든 나무가 있어서 빛나고, 물이 드는 나무는 늘푸른나무가 있어서 아름다워 보이는 거지."

아버지가 엄마를 보고 빙긋 웃었습니다.

"푸른 것은 푸른 대로, 물이 드는 것은 물이 드는 대로 아름답다는 말씀이군요."

엄마도 방긋 웃으며 말했습니다.

"늘푸른나무도 있고, 낙엽 지는 나무도 있는 우리나라가 최고다, 최고. 만세다, 만세!"

할머니가 두 손을 번쩍 들며 말했습니다.

엄마와 아빠, 나는 서로를 쳐다보며 하하호호 웃었습니다.

나무의 잠

겨울 방학을 하는 날이 되었습니다. 선생님은 사물함에 있는 것을 모두 꺼내서 정리하라고 했습니다. 트라이앵글, 캐스터네츠, 탬버린이 든 악기 주머니를 꺼내고, 색연필도 스케치북도 다 챙겨 놓았습니다.

시험지, 받아쓰기한 것, 그림, 종이접기 같은 것을 모으니 자료 수집철이 두꺼워졌습니다. 한 장 한 장 넘기다 보니 몸도 마음도 부쩍 큰 것 같앉습니다.

선생님이 우리에게 물었습니다.

"여러분, 겨울 방학 때 제일 하고 싶은 것이 뭐예요?"

지각을 잘하는 현수가 말했습니다.

"푹 자고 싶어요."

"잠꾸러기!"

내가 큰 소리로 말하자 현수는 혀를 날름 내밀며 웃었습니다.

나는 손을 높이 들고 크게 말했습니다.

"저는 나무를 좋아하니까 나무에 대해 조사하겠습니다."

순간 떠들던 아이들이 입을 다물고 날 바라보았습니다.

"늘푸른나무와 물이 드는 나무를 조사해서 사진도 찍고 그림도 그릴 겁니다."

"우아!"

아이들이 손뼉을 쳐 주었습니다.

은비가 엄지를 들어 올리며 말했습니다.

"너 진짜 나무 박사 되겠다."

나는 싱긋 웃어 주었습니다.

"또 스키장에도 갈 거야."

은비가 턱을 괴며 부러워했습니다.

"좋겠다. 나는 아무 데도 못 가."

"왜?"

"으음, 비밀인데 말해 줄까 말까?"

갑자기 비밀이라는 말에 귀가 솔깃해졌습니다.

"말해 봐."

"싫어!"

"치, 그러면 하지 마!"

나는 두 팔을 끼고 돌아앉았습니다.

내가 살짝 제자리로 돌아앉으니 은비가 방긋 웃으며 물었습니다.

"진짜 궁금해?"

"응."

그러면서 선생님이 발표를 잘한다고 상으로 준 사탕 하나를 은비 손바닥에 쥐어 주었습니다.

은비는 껍질을 까서 입에 쏙 넣고는 오른 뺨을 동그랗게 만들었습니다. 입가에 생기는 보조개가 보기 좋았습니다.

은비는 두 손을 공처럼 모은 뒤, 내 귓가에 대고 속삭였습니다.

"있잖아, 우리 아버지 호떡 장사하셔."

"뭐라고?"

내 눈이 호떡처럼 커졌습니다.

"호떡이라고?"

은비는 사탕을 빨면서 아무렇지도 않은 듯 말했습니다.

"흑설탕이랑 땅콩을 넣는데 아주 고소해."

나도 모르게 침이 꼴깍 넘어갔습니다.

그런데 이상했습니다. 은비 아버지는 우리 아버지랑 같은 회사에 다녔습니다.

"아버지 회사에 안 다니셔?"

은비가 고개를 끄덕이며 말했습니다.

"응, 사장님이 나오지 말라고 했대."

그러더니 입술을 볼록 내밀며 약간 토라진 얼

굴을 했습니다.

"그렇구나……."

난 조그맣게 중얼거렸습니다.

"자, 그럼 내일부터 겨울 방학이니까 계획표대로 꼭 실천하도록 해요."

선생님과 악수를 하고, 손을 흔들며 교실을 제일 먼저 빠져나왔습니다.

운동장가에 있는 감나무 가지 위에 가오리연이 매달려 있었습니다. 어제까지 대롱대롱 매달려 있던 까치밥은 보이지 않았습니다.

'몇 알은 까치가 먹게 남겨 두는 거란다.'

아버지 말씀이 생각났습니다.

나는 겨울 방학 동안 못 볼 감나무에게도 손을 흔들었습니다.

그때 갑자기 누가 등 뒤에서 내 눈을 손으로 가렸습니다.

"은비지?"

은비의 작은 손이 스르르 풀렸습니다.

"호떡 많이 팔려?"

고개를 가로저으며 은비는 바지 주머니에 두 손을 넣었습니다.

"아니, 하지만 우리 할머니께서 아무 걱정 말라고 하셨어."

은비는 감나무에 걸린 연을 쳐다보며 말을 이었습니다.

"한슬아, 저것 봐. 나무도 겨울이 되면 저렇게 옷을 벗잖아."

"그래, 여름에는 양분을 만들어야 하기 때문에

많은 잎이 필요하지만, 겨울엔 햇볕도 강하지 않고, 비도 많이 오지 않아 양분을 만드는 활동을 활발히 할 수 없어. 그래서 나무는 양분을 만드는 광합성을 잠시 쉬기 위해 잎을 모두 떨어뜨리는 거야."

나무에 대해 이야기하니까 은비는 신이 난 모양이었습니다.

"우리 아버지도 겨울나무처럼 잠시 옷을 벗는 거래."

은비가 쓸쓸한 겨울나무를 아버지에게 비유하자 내 마음이 약간 슬퍼졌습니다. 그러나 명랑하게 말했습니다.

"날씨가 추워지면 뿌리도 물을 빨아들이는 힘이 약해지기 때문에 나뭇잎을 떨어뜨려야만 나

무 속에 있는 물이 없어지는 것을 막을 수 있어."

"누가 나무 박사 아니라고 할까 봐."

자꾸 나무에 대해 이야기하니까 은비도 고개를 끄덕였습니다.

나는 은비의 걱정을 잠시라도 잊게 해 주고 싶었습니다.

잠시 옷을 벗어 버린 나무를 쳐다보았습니다. 그늘을 만들어 주던 수많은 나뭇잎들이 떠올랐습니다.

"은비야, 나무는 겨울에 잠을 자면서도 봄이 되면 필 꽃눈이나 잎눈을 단단한 껍질로 싸서 키우고 있단다."

"우리가 털옷을 입는 것처럼?"

"응. 맞아."

나는 힘없는 은비를 위해 나무 이야기를 더 해 주고 싶었습니다.

"그럼, 여름에는 왜 많은 잎이 있어야 하는지 아니?"

"몰라."

은비는 샐쭉한 표정으로 고개를 흔들었습니다.

"여름에는 햇빛이 충분하고 온도도 알맞아 일을 많이 하기 때문에 많은 잎이 필요해. 하지만 겨울에는 온도가 낮고 햇빛도 약하기 때문에 잎이 떨어지는 거야."

은비 어깨에 손을 얹은 나는 은비 눈을 가만히 들여다보았습니다.

"또 나뭇잎은 햇빛이 있는 낮에 양분을 많이 만든단다."

겨울철 나무 모습 | 겨울철에는 햇빛이 약하고 기온도 낮아 식물이 영양분을 잘 만들지 못해요. 그래서 필요 없는 잎을 떨어뜨려 없애요.

여름철 나무 모습 | 여름철에는 나무들이 잎을 통해 강한 햇볕과 더운 기후를 이용해 활발히 영양분을 만들어요. 그래서 많은 잎이 필요해요.

열심히 듣고 있는 은비에게 내가 알고 있는 것을 다 말해 주고 싶었습니다.

"아버지가 그러는데 화분에 있는 식물은 밤에 잘 때 밖에 내놓는 것이 좋대. 왜냐하면 식물도 밤에는 산소를 들이마시고 이산화탄소를 내보내니까."

"그렇구나."

은비는 금방 나무 이야기에 빠져서 아버지 생각을 잠시 잊어버린 것 같았습니다.

"은비야, 잠깐만!"

나는 걸음을 멈추고 책가방을 열었습니다. 스케치북을 꺼낸 다음 그림 한 장을 쭉 찢었습니다.

"너 가져! 선생님이 잘 그렸다고 칭찬해 주신 거야. 네가 좋다고 했잖아."

은비는 조금 찢어졌는데도 웃으며 받았습니다.

"고마워!"

은비는 책가방을 열고는 그림을 조심스럽게 넣었습니다.

짚으로 밑동 두르기 | 겨우내 해충들이 추위를 피해 짚으로 모여들면 겨울이 끝날 무렵 이 짚을 태워 해충을 잡아요.

나무들의 겨울잠 | 잎이 모두 져 마른 가지만 남은 나무는 봄이 오면 필 꽃눈이나 잎눈을 단단한 껍질로 싸서 키우며 겨울을 지내요.

"안녕, 한슬아!"

"은비야, 안녕!"

문방구 쪽으로 뛰어가는 은비를 보고 나는 돌아섰습니다. 나뭇잎을 다 떨어 버린 길가 단풍나무를 가만히 안았습니다.

"나무야, 너도 안녕!"

이제 겨울나무가 쓸쓸해 보이지 않았습니다. 왜냐하면 새 옷을 입기 위해 잠시 잠을 자는 것이니까요.

나무는 잠에서 깨어나면 더 예쁜 옷으로 갈아입을 것입니다. 그러면 은비도 나도 2학년이 될 것입니다.

"나무야, 잘 자. 춥고 힘들지만 꾹 참아!"